Apoio Escolar

Aprenda a Letra de
Forma

Dados Internacionais de Catalogação na Publicação (CIP) de acordo com ISBD

P364a	Pecand, Kátia
	Apoio Escolar - Aprenda a letra de forma: Ovelha Rosa na Escola / Kátia Pecand ; ilustrado por Lie Nobusa. - Jandira : Ciranda Cultural, 2021.
	48 p. : il. ; 20,1cm x 26,8cm.
	ISBN: 978-65-5500-759-6
	1. Educação infantil. 2. Alfabetização. 3. Aprendizado. 4. Coordenação motora. 5. Alfabeto. 6. Letra de forma. 7. Língua Portuguesa. I. Nobusa, Lie. II. Título.
2021-1508	CDD 372.2
	CDU 372.4

Elaborado por Vagner Rodolfo da Silva - CRB-8/9410

Índice para catálogo sistemático:
1. Educação infantil: Livro didático 372.2
2. Educação infantil: Livro didático 372.4

Este livro foi impresso em fontes VAG Rounded, Roboto,
e Imprensa Pontilhada.

© 2021 Ciranda Cultural Editora e Distribuidora Ltda.
Texto: @ Kátia Pecand
Ilustrações: @ Lie Nobusa
Capa e diagramação: Imaginare Studio
Revisão: Ana Paula de Deus Uchoa, Paloma Blanca A. Barbieri e Adriana Junqueira Arantes
Produção: Ciranda Cultural

1ª Edição em 2021
6ª Impressão em 2024
www.cirandacultural.com.br
Todos os direitos reservados. Nenhuma parte desta publicação pode ser reproduzida, arquivada em sistema de busca ou transmitida por qualquer meio, seja ele eletrônico, fotocópia, gravação ou outros, sem prévia autorização do detentor dos direitos, e não pode circular encadernada ou encapada de maneira distinta daquela em que foi publicada, ou sem que as mesmas condições sejam impostas aos compradores subsequentes.

Apoio Escolar

Aprenda a Letra de Forma

OLÁ! SEJA BEM-VINDO AO APOIO ESCOLAR OVELHA ROSA NA ESCOLA - APRENDA A LETRA DE FORMA! NESTE LIVRO, A CRIANÇA APRENDERÁ A LETRA DE FORMA DE MANEIRA FÁCIL E DIVERTIDA COM A OVELHA ROSA E SEUS AMIGOS.

O QR CODE QUE VOCÊ ENCONTRA ABAIXO DIRECIONARÁ A UM VÍDEO EXPLICATIVO, COM ORIENTAÇÕES SOBRE O CONTEÚDO DESTE LIVRO, PARA QUE SEU APRENDIZADO SEJA MUITO MAIS PRAZEROSO E DIVERTIDO.
VAMOS LÁ? BONS ESTUDOS!

Neste livro, realizaremos atividades divertidas para que você aprenda a reconhecer, identificar e escrever o alfabeto com letras de forma. Será muito divertido! Vamos lá?

Para começar o dia na fazenda, Dona Rosa gosta de verificar se os bichinhos estão em suas casinhas. Cubra os pontilhados para levar cada animal ao local onde ele mora.

Os animais da fazenda estão caminhando juntos na mesma direção, mas em cada quadro há um animal que está indo para o lado contrário. Circule-o.

Dona Rosa quer saber quais animais pisaram na lama e deixaram pegadas espalhadas pelo chão. Ligue cada animal à sua pegada.

A Ovelha Rosa e as borboletas adoram brincar no jardim. As borboletas voam e a Ovelha corre atrás delas! Observe as borboletas e ligue cada uma à direção da seta para onde elas estão voando!

O jardim da fazenda Santa Rosa é repleto de flores coloridas, bichinhos, grama verdinha... Cubra os pontilhados para deixá-lo ainda mais bonito e pinte o desenho.

Na fazenda Santa Rosa, os animais são tratados com muito amor e carinho pela Dona Rosa. Ela separou o alimento preferido de alguns deles e quer sua ajuda para levar cada animal à sua comida. Vamos lá?

Agora, desenhe e pinte um animal que vive na fazenda e do qual você mais gosta!

Muitos animais vivem na fazenda Santa Rosa. Observe os bichos abaixo, pinte os que não vivem na fazenda e circule os que vivem. Muita atenção!

O ALFABETO

A Ovelha Rosa e a Dona Rosa foram dar uma volta no trem que passa perto da fazenda. Veja! É o trem do alfabeto com letra de forma maiúscula e minúscula. Vamos conhecer?

Agora, você fará um passeio no trem do alfabeto junto com a gente!

Em cada vagão, conheceremos uma letra! Vamos lá?

Para começarmos o passeio, escreva como souber o seu nome no vagão indicado.

Seu nome

Circule no alfabeto as letras que fazem parte do seu nome.

A	B	C	D	E	F	G
H	I	J	K	L	M	N
O	P	Q	R	S	T	U
V	W	X	Y	Z		

ESTA É A LETRA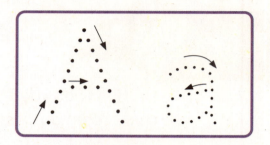

* Faça o movimento da letra com a ponta do dedo. Depois, contorne-a com o lápis.

Dentro deste vagão só podem entrar os desenhos cujo nome começa com o som da letra **A - a**. Pinte apenas os desenhos que iniciam com o som desta vogal.

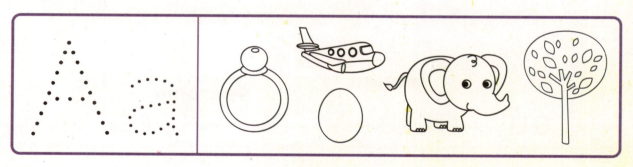

Vamos praticar?

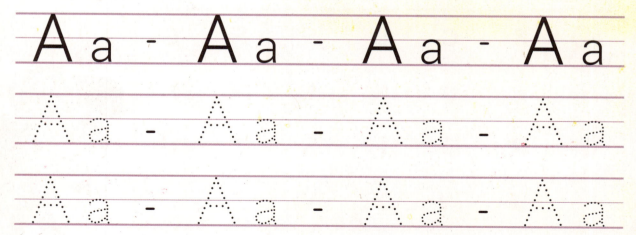

ESTA É A LETRA

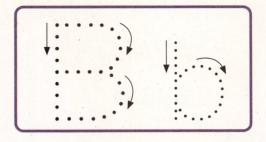

* Faça o movimento da letra com a ponta do dedo. Depois, contorne-a com o lápis.

A Ovelha Rosa precisa da sua ajuda para contornar os pontilhados das palavras iniciadas com a letra **B - b**.

Vamos praticar?

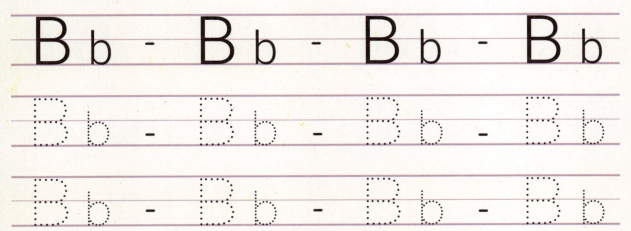

ESTA É A LETRA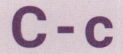

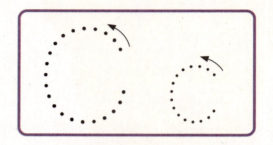

* Faça o movimento da letra com a ponta do dedo. Depois, contorne-a com o lápis.

O cavalo quer encontrar a Dona Rosa, passando pelo caminho das palavras que começam com a letra **C - c**. Pinte o caminho correto.

bota – sapo – gato – uva – galinha

coruja – cabelo – Caio – coco – caneta

Vamos praticar?

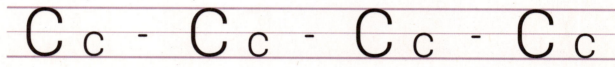

ESTA É A LETRA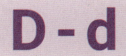

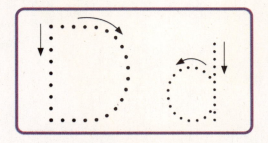

* Faça o movimento da letra com a ponta do dedo. Depois, contorne-a com o lápis.

O porquinho e a Ovelha Rosa estão brincando com dados. Pinte somente os dados cujas palavras iniciam com o som da letra **D** - **d**.

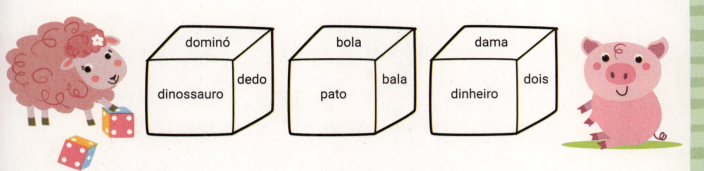

Vamos praticar?

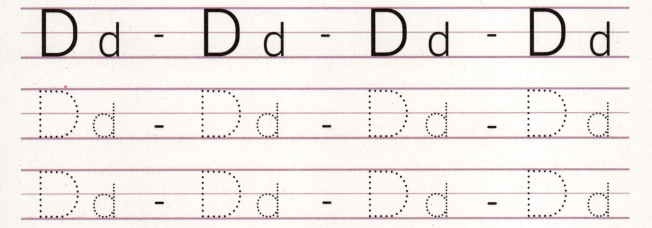

ESTA É A LETRA

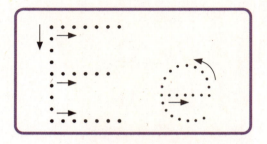

* Faça o movimento da letra com a ponta do dedo. Depois, contorne-a com o lápis.

Dona Rosa é apaixonada por todos os bichos! Observe os animais abaixo e circule apenas aqueles cujo nome começa com o som da letra **E - e**.

Vamos praticar?

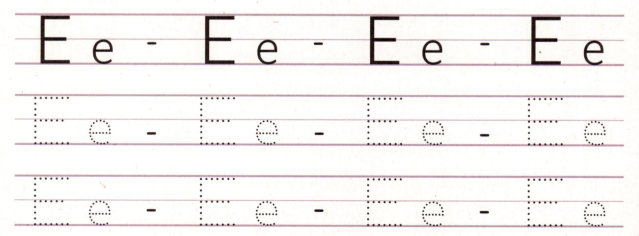

ESTA É A LETRA **F - f**

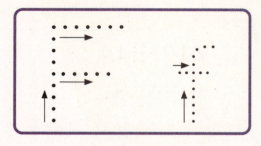

* Faça o movimento da letra com a ponta do dedo. Depois, contorne-a com o lápis.

Na fazenda Santa Rosa, há muitas formigas trabalhando no jardim. A Ovelha Rosa está sempre admirando esse trabalho. Pinte apenas as folhas das formigas que estão carregando a letra **F - f**.

Vamos praticar?

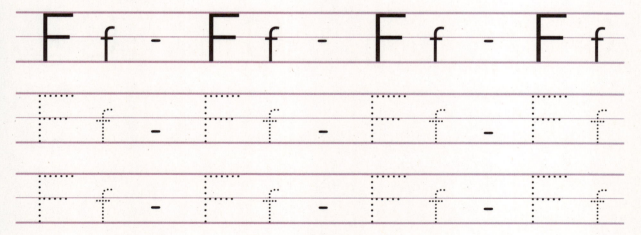

ESTA É A LETRA **G - g**

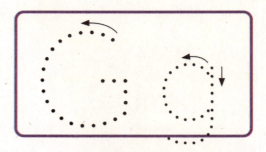

* Faça o movimento da letra com a ponta do dedo. Depois, contorne-a com o lápis.

A galinha, sempre bondosa, vai ajudar a Dona Rosa a colocar no vagão da letra **G - g** todos os objetos que iniciam com essa letra. Vamos pintá-los?

Vamos praticar?

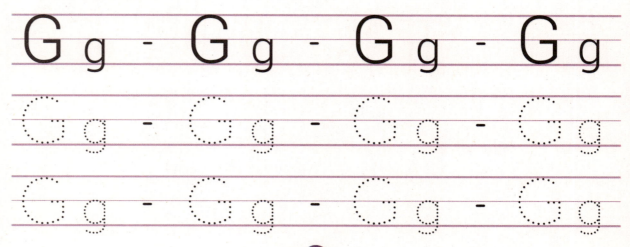

ESTA É A LETRA H - h

H - h

HIPOPÓTAMO
hipopótamo

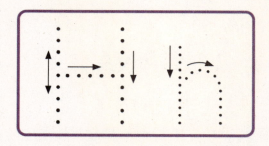

* Faça o movimento da letra com a ponta do dedo. Depois, contorne-a com o lápis.

O hipopótamo não pode viver na fazenda. Pinte o outro animal cujo nome inicia com a letra **H - h** e que também não pode viver na fazenda.

V-v   H-h   C-c   P-p

Vamos praticar?

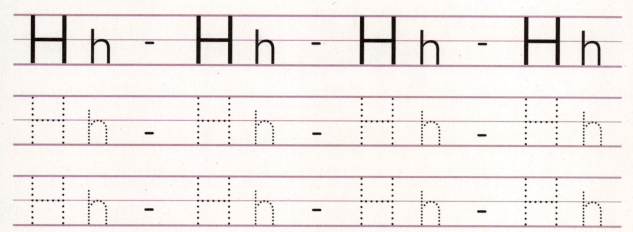

19

ESTA É A LETRA

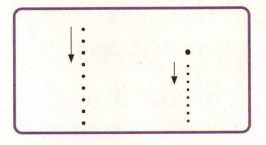

* Faça o movimento da letra com a ponta do dedo. Depois, contorne-a com o lápis.

Dona Rosa está separando algumas frutas para a iguana comer. Veja as frutas que ela escolheu e circule a letra **I - i** nas palavras.

abacaxi

caqui

goiaba

mexerica

melancia

Vamos praticar?

 ESTA É A LETRA

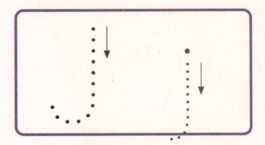

* Faça o movimento da letra com a ponta do dedo. Depois, contorne-a com o lápis.

Há outro animal cujo nome também inicia com a letra **J - j**, mas ele não vive no jardim. É o jacaré! Pinte o jacaré e circule a forma minúscula do nome dele.

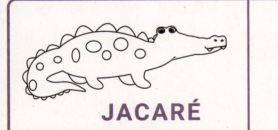

| jaca | jabuti | jacaré |
| janela | japonês | |

Vamos praticar?

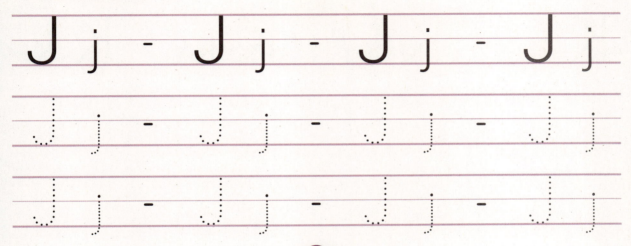

ESTA É A LETRA

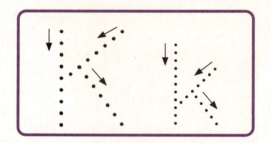

* Faça o movimento da letra com a ponta do dedo. Depois, contorne-a com o lápis.

A Ovelha Rosa quer sua ajuda para completar o nome das figuras com a letra indicada abaixo:

Vamos praticar?

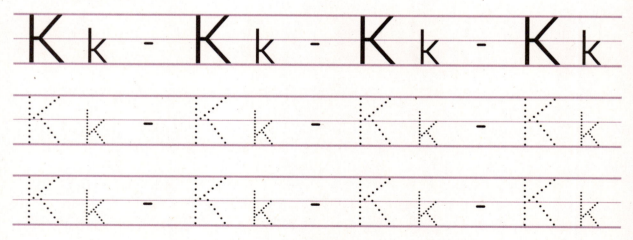

ESTA É A LETRA

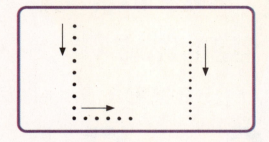

* Faça o movimento da letra com a ponta do dedo. Depois, contorne-a com o lápis.

O leão vive na selva e não pode viver em fazendas. Veja outros animais cujo nome inicia com a mesma letra da palavra **leão** e pinte-os. Depois, contorne os pontilhados.

LOBO   LEOPARDO   LAGARTO

Vamos praticar?

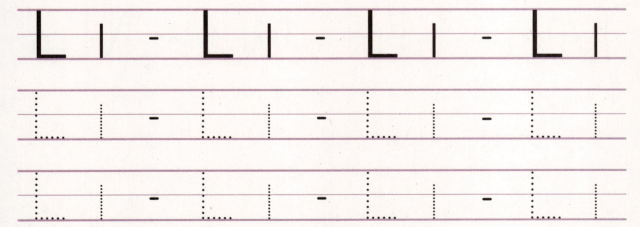

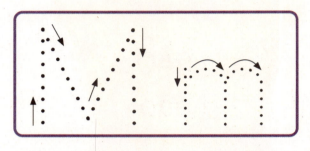

ESTA É A LETRA **M - m**

* Faça o movimento da letra com a ponta do dedo. Depois, contorne-a com o lápis.

As minhocas estão brincando no jardim da fazenda Santa Rosa. Pinte de amarelo as palavras **minhoca** que você encontrar nas formas maiúscula e minúscula.

Vamos praticar?

M m - M m - M m - M m

M m - M m - M m - M m

M m - M m - M m - M m

ESTA É A LETRA **N - n**

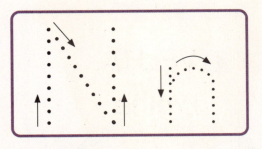

* Faça o movimento da letra com a ponta do dedo. Depois, contorne-a com o lápis.

A Ovelha Rosa fica encantada ao ver os passarinhos voando até o ninho. Pinte apenas os passarinhos que estão levando no bico a letra **N - n**.

Vamos praticar?

N n - N n - N n - N n

N n - N n - N n - N n

N n - N n - N n - N n

ESTA É A LETRA **O - o**

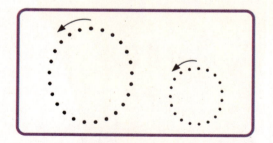

* Faça o movimento da letra com a ponta do dedo. Depois, contorne-a com o lápis.

A Ovelha Rosa está se divertindo muito no passeio de trem! Ligue ao vagão apenas as figuras cujo nome inicia com o som da letra **O - o**.

Vamos praticar?

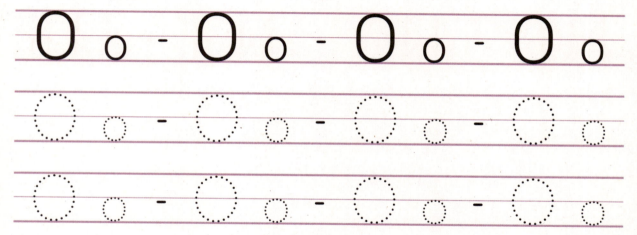

ESTA É A LETRA P - p

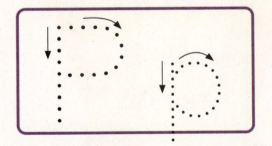

* Faça o movimento da letra com a ponta do dedo. Depois, contorne-a com o lápis.

A Dona Rosa pediu para os animais cujo nome começa com o som da letra **P - p** fazerem uma fila para passear de trem. Pinte os animais da fila em que o nome de todos eles começa com essa letra.

Vamos praticar?

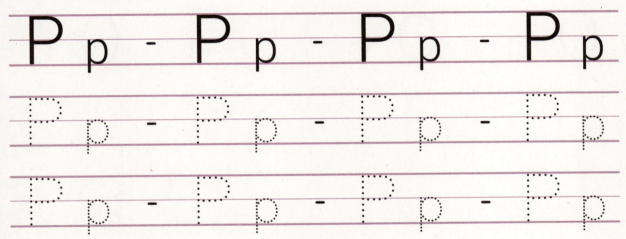

ESTA É A LETRA Q - q

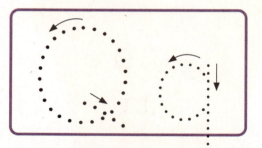

* Faça o movimento da letra com a ponta do dedo. Depois, contorne-a com o lápis.

O maquinista parou o trem para a Dona Rosa comprar um queijo. Para isso, ela precisa atravessar o caminho da letra **Q**. Pinte todas as letras **Q - q** que você encontrar.

Vamos praticar?

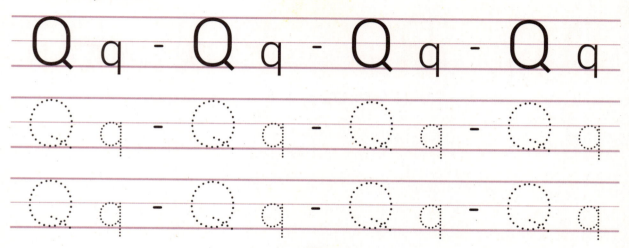

ESTA É A LETRA **R - r**

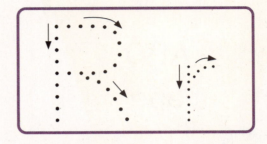

* Faça o movimento da letra com a ponta do dedo. Depois, contorne-a com o lápis.

Há um rato sapeca que sempre aparece na fazenda Santa Rosa. Ele se esconde atrás de objetos cujo nome começa com o som da letra **R - r**. Encontre esses objetos e pinte-os.

Vamos praticar?

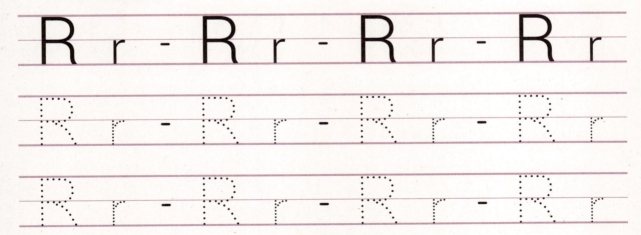

ESTA É A LETRA **S - s**

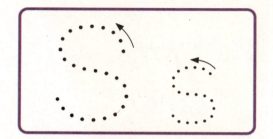

* Faça o movimento da letra com a ponta do dedo. Depois, contorne-a com o lápis.

O sapo saiu do vagão e está pulando nas pedras para encontrar a Ovelha Rosa. Ajude-o, pulando apenas nas pedras com a letra **S - s**.

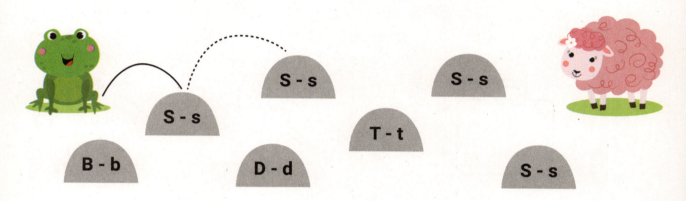

Vamos praticar?

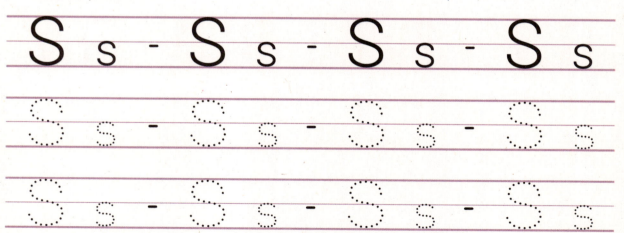

ESTA É A LETRA **T - t**

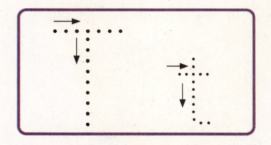

* Faça o movimento da letra com a ponta do dedo. Depois, contorne-a com o lápis.

Outros animais da fazenda têm o nome iniciado pelo som da letra **T - t**. Vamos pintar os desenhos e ligar os nomes iguais?

Vamos praticar?

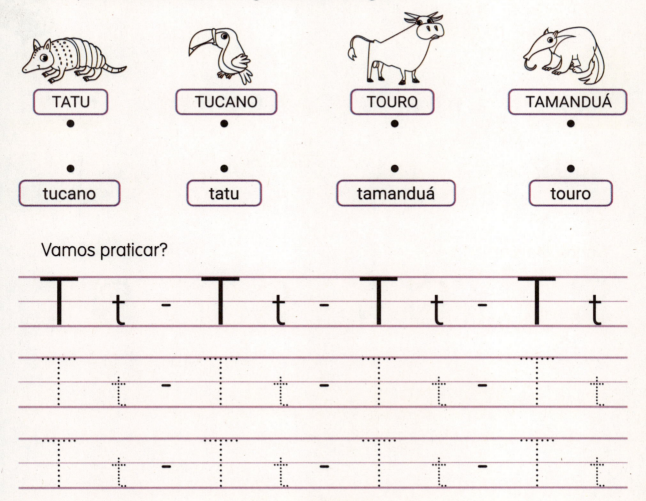

ESTA É A LETRA

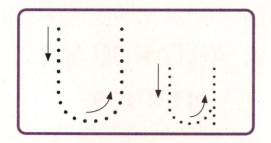

* Faça o movimento da letra com a ponta do dedo. Depois, contorne-a com o lápis.

A galinha tem medo do urubu. Mas a Ovelha Rosa disse que esse urubu é bonzinho! Ele quer sua ajuda para encontrar e circular a letra **U - u** das palavras abaixo.

uva   unha   CANGURU

URSO   tatu   CACAU

Vamos praticar?

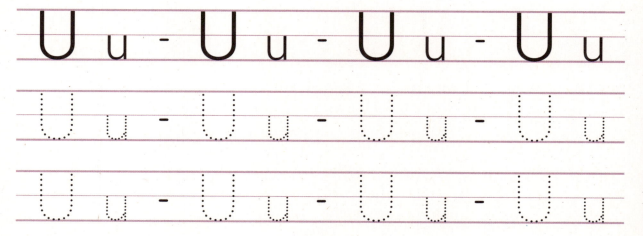

ESTA É A LETRA **V - v**

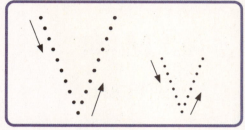

* Faça o movimento da letra com a ponta do dedo. Depois, contorne-a com o lápis.

A vaca da fazenda Santa Rosa dá um leite delicioso! Veja quantos baldes Dona Rosa encheu de leite e pinte somente os que têm a palavra **vaca**.

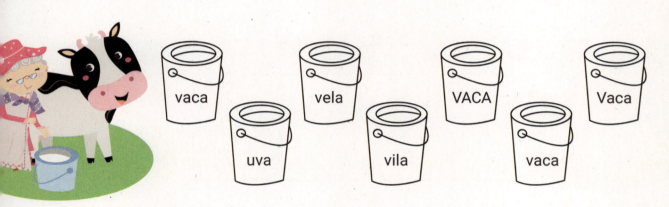

Vamos praticar?

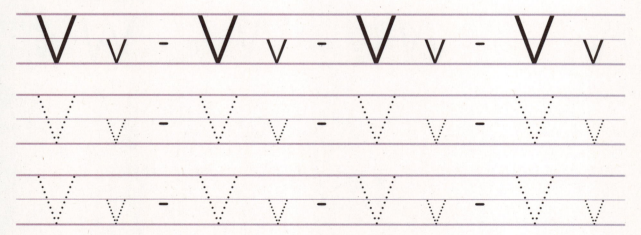

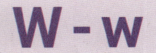

ESTA É A LETRA **W - w**

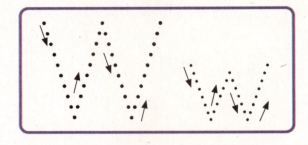

* Faça o movimento da letra com a ponta do dedo. Depois, contorne-a com o lápis.

A Dona Rosa adora dançar com a Ovelha Rosa ouvindo música no seu *walkman*. Enquanto elas dançam, procure no caça-palavras a palavra abaixo.

WALKMAN

T	F	W	A	L	M	A	N
P	A	B	J	S	K	M	A
M	W	A	L	K	M	A	N
S	X	K	T	U	S	V	T

Vamos praticar?

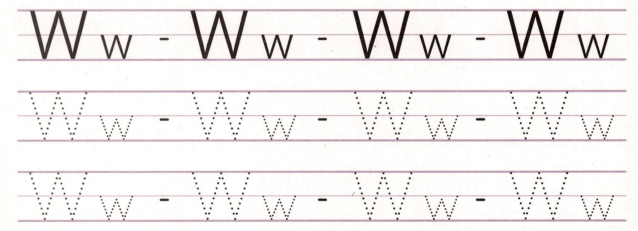

ESTA É A LETRA **X - x**

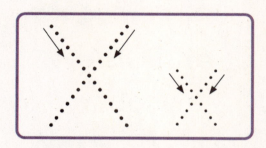

* Faça o movimento da letra com a ponta do dedo. Depois, contorne-a com o lápis.

No vagão da letra **X** está o xale da Dona Rosa. Vamos colocar no vagão mais alguns objetos que têm essa letra? Circule a letra **X - x** nas palavras abaixo e pinte os desenhos correspondentes.

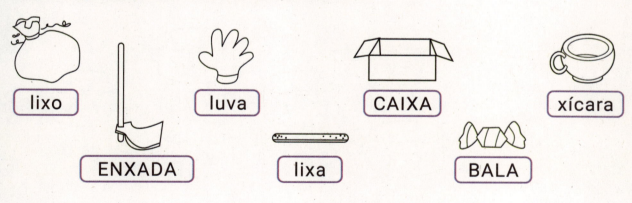

Vamos praticar?

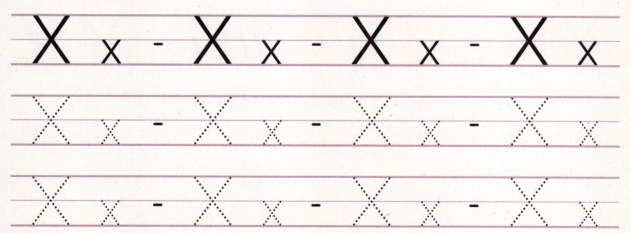

ESTA É A LETRA **Y - y**

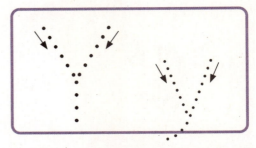

* Faça o movimento da letra com a ponta do dedo. Depois, contorne-a com o lápis.

Quando a Dona Rosa prepara yakisoba na fazenda Santa Rosa, todos os animais sentem o cheirinho de longe. Pinte apenas as panelas que têm a letra **Y - y** da palavra **yakisoba**.

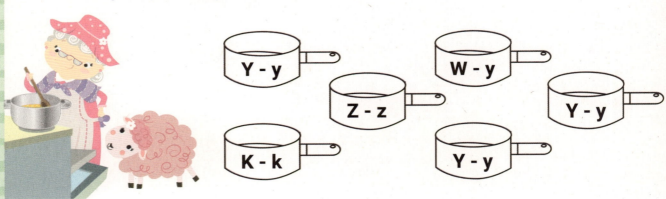

Vamos praticar?

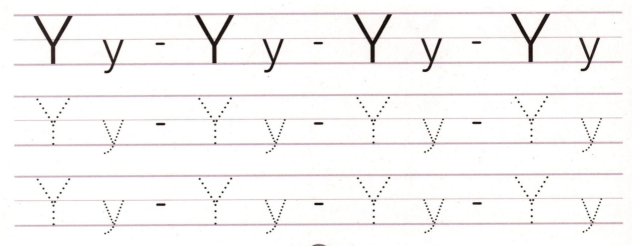

ESTA É A LETRA **Z - z**

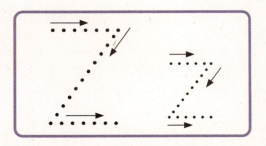

* Faça o movimento da letra com a ponta do dedo. Depois, contorne-a com o lápis.

O zangão picou um animal e deixou Dona Rosa chateada. O animal picado não costuma viver em fazendas e começa com a mesma letra da palavra **zangão**. Circule-o.

Vamos praticar?

Z z - Z z - Z z - Z z

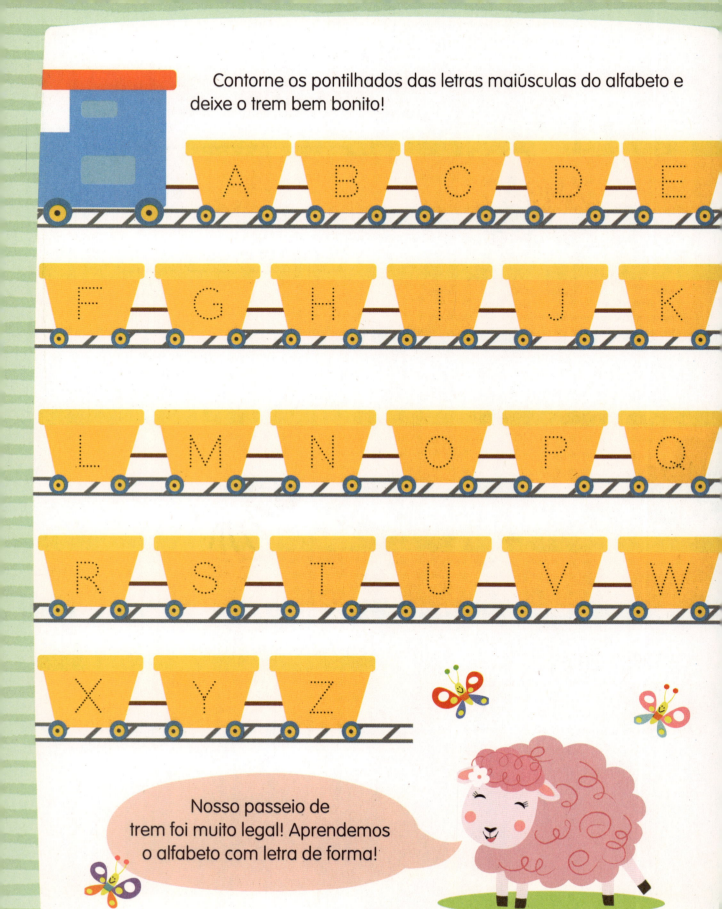

Mostre que você está craque nas letras do alfabeto, pintando a letra inicial de cada figura e completando a palavra corretamente.

__OLA   P / B / S

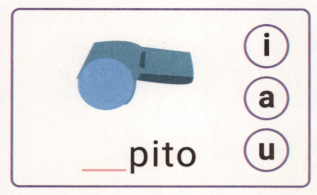

__pito   i / a / u

__ala   m / x / t

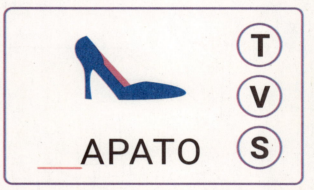

__APATO   T / V / S

__ato   h / g / a

__EGADOR   R / E / T

Algumas letras do alfabeto estão escondidas na cena abaixo. Será que você consegue encontrá-las? Circule-as e pinte a cena com suas cores preferidas!

Complete o alfabeto com as letras que você encontrou.

_	c	d	e	_	g
h	j	_	l	m	_
_	p	q	r	s	_	u
v	w	_	y	z

O jardim da fazenda Santa Rosa é cuidado com muito carinho. Lindas flores enfeitam esse jardim! Pinte, com cores iguais, as flores que tiverem a mesma letra.

Os passarinhos da fazenda têm um desafio para você! Observe os objetos abaixo que fazem parte da fazenda e ligue-os à sua letra inicial maiúscula e minúscula.

T

E

P

B

R

C

e

t

b

c

p

r

As árvores do pomar estão cheias de frutas! As frutas são nutritivas e deliciosas. Pinte de verde as maçãs com letras maiúsculas e de vermelho as maçãs com letras minúsculas.

Agora, escreva as letras que você pintou.

Maiúsculas

Minúsculas

A Ovelha Rosa quer que você descubra qual animal está escondido abaixo. Para isso, ligue os pontos seguindo a ordem alfabética.

Agora, vamos praticar o alfabeto maiúsculo, contornando os pontilhados e copiando as letras.

Para descobrir qual animal está escondido, leia a charada e ligue as letras minúsculas na ordem do alfabeto!

? O que é, o que é?

Tenho penas,
tenho asas.
Sou amiga
da Dona Rosa.
Meus filhinhos
são os pintinhos,
E eu também me
pintei de rosa.

Agora, vamos praticar o alfabeto minúsculo, contornando os pontilhados e copiando as letras.

45

Veja a escrita da palavra **ovelha**:

O	V	E	L	H	A
o	v	e	l	h	a

Agora, observe o quadro e pinte os desenhos que iniciam com o mesmo som da letra indicada. Vamos lá?

O	V	E	L	H	A

Vou mostrar para você um alfabeto ilustrado! Pinte os desenhos com suas cores preferidas e veja todas as letras que você aprendeu!

A a 	B b 	C c 	D d 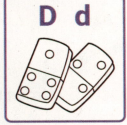	E e 
F f 	G g 	H h 	I i 	J j 
K k 	L l 	M m 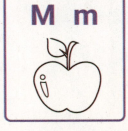	N n 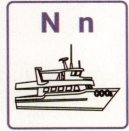	O o 
P p 	Q q 	R r 	S s 	T t 
U u 	V v 	W w 	X x 	Y y 	Z z 

PARABÉNS!

Chegamos ao fim desta viagem divertida pelo mundo do alfabeto com letras de forma!

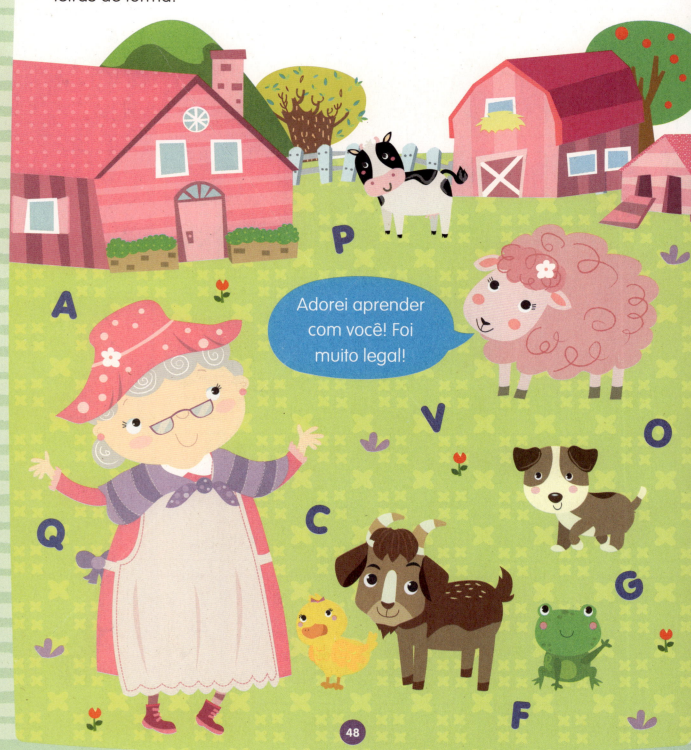

Adorei aprender com você! Foi muito legal!